U0459021

图书在版编目（CIP）数据

癸卯说兔：山西考古博物馆兔年贺岁展 ／ 山西考古

博物馆编 . —— 太原：山西人民出版社，2024.1

ISBN 978-7-203-13203-5

Ⅰ．①癸… Ⅱ．①山… Ⅲ．①博物馆-历史文物-介

绍-山西 Ⅳ．① K872.25

中国国家版本馆 CIP 数据核字 (2024) 第 012924 号

癸卯说兔：山西考古博物馆兔年贺岁展

编　　者：山西考古博物馆

责任编辑：张镤尹

复　　审：李　颖

终　　审：武　静

装帧设计：张镤尹

出 版 者：山西出版传媒集团·山西人民出版社　　　　　　地　　址：太原市建设南路 21 号

邮　　编：030012　　　　　　发行营销：0351—4922220　4955996　4956039　4922127（传真）

天猫官网：https://sxrmcbs.tmall.com　　　　　　电话：0351—4922159

E—mail：sxskcb@163.com　发行部　sxskcb@126.com　总编室

网　　址：www.sxskcb.com

经 销 者：山西出版传媒集团·山西人民出版社

承 印 厂：北京雅昌艺术印刷有限公司

开　　本：787mm×1092mm　　1/12　　　　　印　　张：16.5

版　　次：2024 年 1 月　第 1 版　　　　　　　印　　次：2024 年 1 月　第 1 次印刷

书　　号：ISBN 978-7-203-13203-5　　　　　　定　　价：368.00 元

如有印装质量问题请与本社联系调换

策　划：王晓毅

主　编：郑　媛

副主编：梁宪亮

　　　　刘　岩

撰　稿：吉琨璋

　　　　贾　尧

　　　　张海蛟

　　　　白曙璋

　　　　王　俊

　　　　郝丽君

目录　CONTENTS

001　　　考古兔·初一　　　兔瑞吉金——由晋侯兔尊说起

017　　　考古兔·初二　　　兔岁初临——山兔初识　走入人家

023　　　考古兔·初三　　　玉兔呈祥——灵石旌介商代玉兔漫谈

027　　　考古兔·初四　　　肖兔奔福——探壁画兔　石窟兔

039　　　考古兔·初五　　　兔影照月——"玉兔捣药"图像的考古学探源

049　　　考古兔·初六　　　宏兔迎春——晋定王与《双喜图》

时光荏苒，岁月轮回，兔年如期而至，在岁末年初的迎新春鞭炮声中，山西考古博物馆像往年一样，再次为大家呈上一道兔年的文化大餐，让我们平复一下自己激动的心绪，将目光稍稍抬高，赏鉴兔形文物，体验文化气息，沐浴艺术之光。

一

在山西曲沃与翼城之间的曲村——天马遗址北赵晋侯墓地9组19座晋侯和夫人墓葬中，埋藏着四五百件青铜礼乐器。有很多器物无论是艺术造型还是精美纹饰都夺人眼球，如鸟尊、猪尊、提梁卣、牛虎匜、兔尊等，但鸟尊、猪尊都是单件，而兔尊却有8件之多，竟然出自连续的两代晋侯——晋献侯、晋穆侯墓中。

晋献侯和晋穆侯是西周晚期晋国的两位国君，他们是父子，晋献侯的 M8 被盗，劫余青铜兔尊 3 件，而晋穆侯的 M64 系完整发掘，出土了 4 件青铜兔尊，以此推测，M8 也应该是 4 件青铜兔尊。

以 M8 出土的兔尊为例，存放在椁室南端，仅存 3 件，考古发掘编号为 20、21、22，从发掘绘制的墓室平面图看，这 3 件正好在盗洞边，在 20 与 21 之间，有个空档，应该还有一件铜器，也许就是被盗走的那一件兔尊。3 件兔尊两大一小，分两种形制，一种是兔子作匍匐状，双目前视，两耳向后并拢，四腿蜷曲。腹部中空，背上有敞口高颈尊，足间有矮长方形器座。兔身两侧饰3层依次凸起的圆形纹饰,由里向外依次是火纹、勾连雷纹衬底的四目相间的斜角雷纹、变形几何纹,造型生动,形象逼真,器物高22.2米、长31.8厘米。另一种是兔子作爬伏状,前肢点地,后腿弯曲,犹如跳跃前的一瞬间。腹部中空,背上有圆角长方形口,并覆以与兔身浑然一体的盖,盖

M8: 20 兔尊 ▶
西周
山西省曲沃县晋侯墓地出土

M8: 21 兔尊 ▶
西周
山西省曲沃县晋侯墓地出土

M8: 22 兔尊 ▶
西周
山西省曲沃县晋侯墓地出土

▲ M64：104、142、143 兔尊
西周
山西省曲沃县晋侯墓地出土

上有扁圆形钮。兔身两侧依次饰圆形的火纹、四目相间的雷纹和勾连雷纹，高 20.1 厘米、长 35.8 厘米。另有一只造型与其相同，只是尺寸略小，高 13.2 厘米、长 20.4 厘米。

M64 出土的 4 件兔尊，形制与 M8 相同，也是两大两小，目测上去，有人开玩笑说是一窝兔子，大的为一雌一雄，两个小的是兔崽儿。

以兔形作尊的器形尚属首见。

尊在先秦典籍里有记载，《周礼》讲到尊彝是青铜盛酒器，用来盛放酒浆的，有六尊六彝，六尊包括献尊、象尊、著尊、壶尊、大尊、山尊；六彝包括鸡彝、鸟彝、斝彝、黄彝、虎彝、蜼彝。

兔尊是六尊中的哪一尊呢，对此，北京大学的张辛教授认为兔尊应该就是排在首位的献尊，献尊即牺尊。

献尊又是如何使用的呢？先秦时期"国之大事，在祀与

▲ M64：144 兔尊
西周
山西省曲沃县晋侯墓地出土

▲ M64：142 兔尊
西周
山西省曲沃县晋侯墓地出土

戎"，祭祀先祖是头等大事。《小雅·天保》："禴祠烝尝，于公先王"，祠禴尝烝分别是春夏秋冬的祭名 。《周礼·春官》曰："春祠、夏禴，裸用鸡彝、鸟彝，皆有舟。其朝践用两献尊，其再献用两象尊，皆有罍，诸臣之所昨也。秋尝、冬烝，裸用斝彝、黄彝，皆有舟。其朝献用两着尊，其馈献用两壶尊，皆有罍，

▲ M64：143 兔尊
西周
山西省曲沃县晋侯墓地出土

▲ M64：104 兔尊
西周
山西省曲沃县晋侯墓地出土

诸臣之所昨也。凡四时之闲祀、追享、朝享，裸用虎彝、蜼彝，皆有舟，其朝践用两大尊，其再献用两山尊，皆有罍，诸臣之所昨也。"

这段话的意思就是尊、彝在每年四季固定祭祀活动以及小祭祀活动中的用法和程序，第一步是裸礼，即裸鬯以降神；第二步朝践，荐血腥；第三步酳醴；第四步馈献，即献熟食。

醴、鬯是祭祀时用的酒，酒是古人祭祀先祖时与神灵沟通的媒介，醴是用稻米蒸熟而酿成的甜酒，一宿而成，含渣滓未过滤，是浊酒；鬯是黑黍米酿成的酒，郁鬯，就是用郁金香调和的酒。迎接神灵时把鬯酒灌在地上，奉给天神地祇祖先，是谓裸礼。以取其香味，借以灌地招徕祖神，鬯酒以彝盛，神祖降临后，再用醴酒享之，醴酒用尊盛，兔尊是尊属，应该是用来盛放醴酒的，

◀ M8：22 兔尊
西周
山西省曲沃县晋侯墓地出土

至此，我们明白了兔尊的用途。

二

古人使用干支，干就是天干，为十个，"甲乙丙丁戊己庚辛壬癸"，支就是地支，为十二个，"子丑寅卯辰巳午未申酉戌亥。天干最晚在甲骨文中就已经有了，商王名字也总是出现天干，如盘庚、小辛、小乙、武丁、祖庚、祖甲、廪辛、康丁、武乙、文丁、帝乙、帝辛。卜辞中每每在"卜贞"之前也都会先用干支记下具体的时间。

十二生肖，又叫属相，是由十一种源于自然界的动物，即鼠、

十二生肖线图 ▲
北齐
山西省朔州市水泉梁壁画墓

牛、虎、兔、蛇、马、羊、猴、鸡、狗、猪，以及传说中的龙，共十二种动物。

生肖由来已久，起源有星宿说、岁星说、图腾说、外来说。古希腊、古埃及、巴比伦等古国也有类似的十二生肖，仅动物不同，古巴比伦有猫、犬、蛇、蜣螂、驴、狮、公羊、公牛、隼、猴、鳄、红鹤，埃及和希腊与之相似，有牡牛、山羊、狮、驴、蟹、蛇、狗、猫（希腊为鼠）、鳄、红鹤、猿、鹰。郭沫若在《释干支》中认为，生肖源于巴比伦的黄道十二宫，汉代西域诸国仿十二宫而造十二生肖。

然而，中国发现的最早有关十二地支与十二生肖相对应的出土材料都有着比较完整的系统，一批是 1975 年 12 月出土于湖北省云梦县睡虎地 11 号墓中的秦简，其中有两种《日书》，《日书》甲种："子，鼠也。丑，牛也。寅，虎也。卯，兔也。辰。巳，虫也。午，鹿也。未，马也。申，环也。酉，水也。戌，老羊也。亥，豕也。"十二支相与生肖对应，只是辰下未记生肖，当系漏抄，巳对虫，虫即蛇，午对鹿，申对环，环读为猨，即猿字，则申就是猴，酉对水，水音近读为雉，雉为野鸡，则酉就是鸡。另一批是 1986 年 4 月，在甘肃省天水市放马滩 1 号秦墓中出土了一批秦简，其中也有两种《日书》，《日书》甲种："子，鼠矣。丑，牛矣。寅，虎矣。卯，兔矣。辰，虫矣。巳，鸡矣。午，马矣。未，羊矣。申，猴矣。酉，鸡矣。戌，犬矣。亥，豕矣。"对应关系与我们现在使用的稍有不同，其中，午对鹿或马，秦二世有"指鹿为马"，是否暗含二者有联系，却不得而知。

汉以后流行的十二生肖，最早见于《论衡》，其十二支相与动物的对应关系与现在一样，就是我们现在通行的十二生肖。

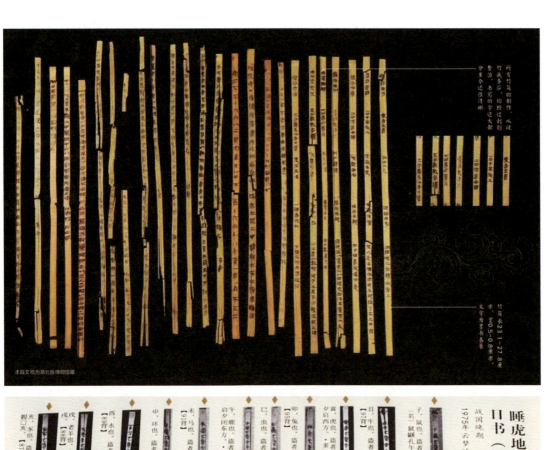

所有竹简的制作，从破竹成条、刮削整治，书写的字迹大都分量令达很清晰

竹简长23.1～27.8厘米，宽0.5～0.8厘米，文字秀丽是秦篆

本篇文物为湖北省博物馆藏

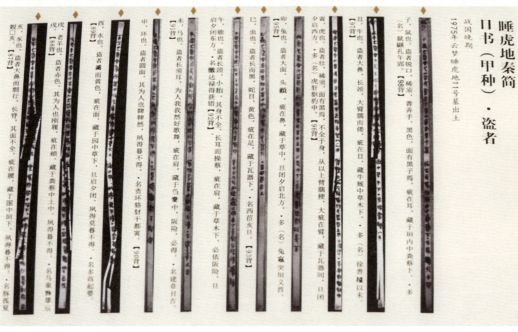

睡虎地秦简
日书（甲种）·盗者
战国晚期
1975年云梦睡虎地11号墓出土

子，鼠也。盗者锐口，稀须，善弄手，黑色。面有黑子焉。疵在耳，藏于垣内中粪蔡下。多（名）"鼠藏孔午郎"以未。【98背】

丑，牛也。盗者大鼻，长颈，大臂膊而偻。疵在目，藏牛瓶中草木下。多（名）"徐赍罐以来。【97背】

寅，虎也。盗者壮，稀须，面有黑焉，不全于身。从以上臂臑栎。大疵在臂，藏于瓦器间，口闭。【96背】

卯，兔也。盗者大面，头颓。疵在枲，藏于草中。且刿夕启北方。多（名）兔瘃突垣又西。【95背】

辰，虫也。盗者长而黑，蛇目，黄色。疵在足，藏于瓦器下。名西苣亥旦。【94背】

巳，虫也。盗者长颈，蛇目，疵在肩，藏于草木下。必依险旦。长耳而操蔡。疵在肩，藏于草木下。必依险旦。【93背】

午，鹿也。盗者长耳，为人也好歌舞。疵在肩。藏于乌妻中。阬险，必得。·名建草壮吉。【92背】

未，马也。盗者长须耳。为人也狸狸然。凤得卷不得。·名贵环络封干都寅。【91背】

中，环彘也。盗者圆面。其为人也狸狸然。凤得卷不得。·名贵环络封干都寅。

酉，水也。盗者滿而黄色。疵在面。藏于园中草下。且启夕闭。凤得莫卷不得。·名马童窦墨级。【89背】

戌，老羊也。盗者亦色。其为人也刚覆。疵在须。藏于粪蔡中土中。凤得卷不得。·名多酉起翟。【88背】

亥，豕也。盗者大鼻而剚行。长背。其面不全。疵在腰。藏于园中垣下。凤得卷不得。·名称孤夏。毅□燕。【87背】

秦简
秦
湖北省云梦县睡虎地11号墓地出土

也许我们的生肖系统借鉴了西亚一带的生肖系统。说到中国与西亚的交往，其实很早就有，大约距今5000年前，小麦、黄牛、绵羊等经中亚传入我国西北地区，并继续向中原地区传播。与此同时，铜的冶炼和制作技术也从西亚经中亚地区经河西走廊以及欧亚大草原地区传入我国北方地区的黄河中游地区。大约在距今4000年前后，家马由欧亚草原传入我国新疆地区。距今3300年的商代晚期，又迎来一次大规模的东西交流，家马、马车、玛瑙、料器（琉璃）也是经由欧亚草原地区传入北方黄河流域。周人兴起于西北的陇东、庆阳一带，秦人兴起于陇西的甘肃天水一带，中西文化交流首当其冲，也许，正是这一次次的东西文化交流，使得周人、秦人较早的先接触到古希腊、古埃及、巴比伦等古国的十二生肖，创造了我们自己的十二生肖，并与十二支相结合，东西文化互相借鉴，使属相终于成为中华文化一个重要的内容。

三

兔子是十二属相之一，以温顺、智慧、敏捷广为大家接受、喜爱，"兔"字在甲骨文、金文均有，在先秦众多出土文物中，无论青铜器、玉器，都能见到兔子，兔子是不竭、不衰的题材。

就山西的夏商周三代文物题材，青铜器材质的有西周中期的晋武侯M13出土的一对青铜车辖，辖首就是兔子造型；西周晚期的晋献侯、晋穆侯各有4件青铜兔尊，前已有述。玉质材料的兔形文物，目前见到最早的是灵石县旌介商代墓葬中的玉兔，西周时期的晋侯墓地玉器中还有不少的玉兔，春秋早期的羊舌晋侯墓地和上郭墓地也出土有玉兔。放眼全国商周考古材料，无论在陕西关中地区的西周时期墓地还是河南、山东、湖北等多地，都出土了玉兔，其中主要是玉质材料。

M2：59 玉兔 ▼
商代
山西省灵石县旌介商墓出土

夏商周三代玉兔，造型主要是匍匐蹲伏状，兔子双眼机警地注视前方，一双大耳或稍稍耸起或紧贴颈后，四肢微微抬起，作随时跃起状，这样的造型与我们平时见到的家兔稍有区别，更多是接近野兔，野兔天敌太多，觅食时总处于危险当中，必须高度

▲ 玉兔 M59：2
春秋
山西省闻喜县上郭墓地出土

保持警戒，准备随时脱身，而《木兰诗》："雄兔脚扑朔，雌兔眼迷离"则是处于相对放松时的状态。此三代玉兔多是片雕，圆雕少，周身也很少饰纹，多是素面，寥寥几刀，形态毕现，意趣盎然，用料也多采用白料，可能与兔子多白毛有关，羊舌晋侯夫人墓出土的两件玉兔尤为精美，是玉兔精品。

　　至于后来兔子什么时候与月亮挂上关系，成为月的象征，以至于有嫦娥在月中有玉兔相伴，甚至还有白兔捣药传说，是汉代以后的事情，自是后话，此处按下不表。

▲ 玉兔 M2：39
西周
山西省曲沃县羊舌晋侯墓地出土

四

让我们再回到晋献侯、晋穆侯父子各用 4 件兔尊作为青铜礼乐器随葬这件事上。

《史记·晋世家》"……厉侯之子宜臼，是为靖侯。……靖侯十七年，周厉王迷惑暴虐，国人作乱，厉王出奔于彘，大臣行政，故曰"共和"。十八年，靖侯卒，子僖侯司徒立。僖侯十四年，周宣王初立。十八年，僖侯卒，子献侯籍立。献侯十一年卒，子穆侯费王立……二十七年，穆侯卒……"，《史记·十二诸侯年表》记述与《晋世家》略有不同，兹列如下。

▲ 兔形玉佩
商周
山东省滕州市前掌大 219 号墓地出土

▼ 兔形玉佩
西周
陕西省宝鸡市茹家庄 1 号墓出土

14

▲ 兔形玉佩
商周
山东滕州市前掌大 31 号墓地出土

▼ 兔形玉佩
商
河南省安阳市刘家庄墓地出土

15 ·一· 兔瑞吉金

晋献侯、晋穆侯这父子俩即位和在位的年份和时间都很清楚，但生于哪年不得而知了，从父子俩都用兔尊随葬且用一窝兔子，是因为对兔子有偏爱还是有别的原因？地支与十二生肖搭配纪时的做法在西周晚期的时候已经有了，这父子俩都生于兔年，都属兔，因此父子俩对兔子都情有独钟，以至于都以兔尊作为随葬的青铜礼乐器，这在中国历史上恐怕是头一份！

（山西省考古研究院研究员 吉琨璋）

	《史记·十二诸侯年表》	《史记·晋世家》	备注
晋靖侯	？—前841 "（晋靖侯）十八年，卒，是年为共和元年，公元前841年"	前857—前840 "在位18年，十七年，共和年。"	《年表》与《晋世家》相差一年
晋僖侯	前840—前823	前839—前822 在位18年，十四年，周宣王初立。	
晋献侯	前822—前812	前821—前811 在位11年	
晋穆侯	前811—前785年 四年娶齐女为夫人 七年以伐条生太子仇 十年以千亩战生成师	前810年—783 在位27年	

兔子的繁殖能力、适应能力强，分布范围广，自古以来就是狩猎资源的重要组成部分。在两汉及北朝时期的画像石和墓葬壁画中常见有狩猎野兔的场面，如忻州市九原岗北朝壁画墓墓道西壁描绘的《放鹰逐兔》图。

山西地区无论是史前时期还是历史时期都有兔骨遗存的发现，包括襄汾市陶寺遗址、垣曲县古城东关遗址、新绛县孝陵陶窑址、兴县碧村遗址、保德县林遮峪遗址、朔州市后寨墓地等，出土单位涉及地层、灰坑和墓葬，其中朔州市后寨 M204 唐墓随葬有一只完整的兔子。兔骨遗存上虽未发现人工痕迹，但出土于

▲ 《放鹰逐兔》壁画
北朝
山西省忻州市九原岗壁画墓出土

灰坑和墓葬的埋藏环境，证明其与人类生活存在密切联系，属于人类利用的动物资源。各遗址内出土的兔骨数量并不多，且以下颌骨和肢骨这类相对较大且骨密质厚的部位为主。说明当时捕获的兔子数量并不多，可能因其提供的肉量较少且不易捕获，也可能与兔子的骨骼细小，骨壁薄，在长时间的埋藏过程中不易保存，或因其体积小，在未进行筛选的考古发掘过程中被遗漏。

现代家兔是由野生穴兔驯化来的，最早的家兔起源于欧洲，欧洲穴兔是穴兔属在更新世晚期之后唯一幸存的种。至全新世早期，穴兔的分布范围仅限于伊比利亚半岛和法国南部，自历史时期开始，其由人类主导，生活在法国南部的穴兔种群逐渐传播到欧洲其他地区，以及非洲、亚洲、美洲和大洋洲。在中世纪时期，

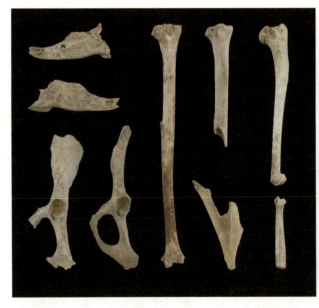

▲ 兔骨
新石器时代仰韶晚期
山西省兴县碧村遗址出土

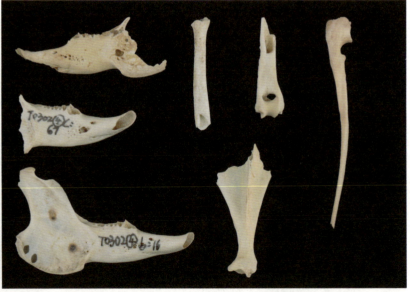

▲ 兔骨
新石器时代龙山时期
山西省保德县临遮峪遗址出土

▲ 欧洲中世纪手稿 兔园狩猎图

由于兔园的兴起，穴兔在欧洲的传播速度加快，家兔的驯化也应该是发生于这一时期，最晚至 16 世纪，完成了家兔的驯化。从家兔驯化的历程来看，人们最开始建造兔园是为了狩猎游戏，只是想维持这种猎物的野性，满足狩猎游戏的乐趣，并不是为了驯化，而最终的结果却是得到了温驯的家兔。

关于中国家兔的起源，目前国内学界主要有两种观点，一种是"本土论"，认为中国家兔是由本土已灭绝的野生穴兔驯化来的，但迄今在国内考古遗址中未发现野生穴兔的证据；另一种是"欧源论"，认为是先秦时期通过"丝绸之路"从外引入穴兔，后驯化成家兔。中国科学技术大学的动物考古学者王娟老师近年来对中国家兔的起源开展了系统地梳理，综合历史文献与出土文物、古生物学、动物考古学及分子生物学等诸方面的信息，认为中国家兔约在明代中期从欧洲引入，由穴兔驯化而来，这种家兔在中国境内的大规模传播以及地方品种的早期形成发生于明末清初。相信随着未来更多考古新成果的发现，会为中国家兔驯化及扩散过程的研究提供更多的资料。

兔与十二地支中的卯相对应，卯时即早上的 5 点至 7 点，为东方破晓之时，象征着光明与希望。

（山西省考古研究院文博馆员 贾尧）

玉兔呈祥

考古兔 初三

灵石旌介商代玉兔漫谈

皎如霜辉温如玉

其容炳真其性仁

灵石旌介商墓发现于 1976 年，1985 年、1986 年两次进行考古发掘，共清理商墓 4 座、车马坑 1 座，出土了大量青铜礼器、兵器、陶器、玉石器等。学术界一般认为该墓地为商代十干氏族之一的丙族墓地，墓葬的主人为世代承袭戍边任务的军事贵族。旌介 M2 一椁二棺，墓主人为一男一女。男性墓主人头部附近发现玉兔 1 件（M2：62），长 3.7 厘米、宽 0.8—1.2 厘米、厚 0.5—0.8 厘米，浅绿色玉料，嘴部有圆形穿孔。女性墓主人胸前发现玉兔 2 件，其中一件（M2：58）长 3.1 厘米、宽 1.4 厘米、厚 0.4 厘米，白色玉料，嘴部有圆形穿孔；另一件（M2：59）长 2.9 厘米、宽 2.7 厘米、厚 0.5 厘米，淡黄色玉料。

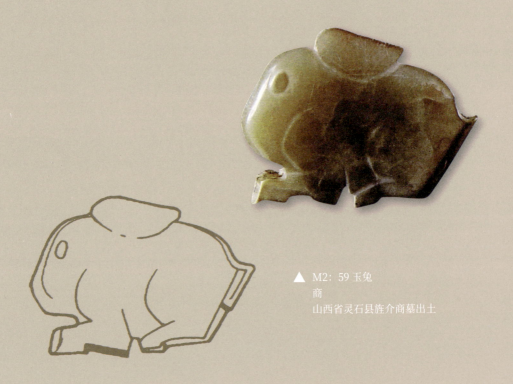

▲ M2：59 玉兔
商
山西省灵石县旌介商墓出土

春自卯时报起，福由玉兔奉来。伴随着中国传统春节的到来，我们迎来了 2023 癸卯兔年，唐代诗人蒋防《白兔赋》赞其"皎如霜辉，温如玉粹。其容炳真，其性怀仁。"兔子为人所熟的形态主要有动与静，所以古代有"静若处子，动若脱兔"一说。考古发现先秦时期和兔子有关的文物也不出此列，有的作奔跑状，有的作伏卧状，汉代以来随着西王母和升仙信仰的流行，出现了站立式的持杵神兔，灵石旌介商墓 M2 就曾发现 3 件伏卧状的玉兔。

▼ M2：58 玉兔
商
山西省灵石县旌介商墓出土

通观这 3 件玉兔，尽管质料不一，但均呈伏卧状、短吻、圆眼、大长耳、屈肢、短翘尾，给人以安静祥和之感，是研究商代晚期高等级墓葬用玉制度的重要资料。其制作方法大致为：先使用扁平状玉片做出兔形轮廓，然后在玉片的一面用浅浮雕和线刻的方式细致表现出兔子的面部、耳朵、足及尾巴，雕饰略显拙稚，唯独 M2：59 打磨较为圆润，将兔子伏卧时准确的身体结构和静谧安详中略带警惕的神态表现得淋漓尽致，体现出较高的工艺水平。M2：58 和 M2：62 玉兔嘴部有圆形穿孔，结合同时出土的玉璧、玉蝉、玉虎、玉蚕、玉燕等来看，应为成组佩饰中的一部分。M2：59 器身不见穿孔，可能并非佩饰或使用了其他的佩戴方式。男女墓主人随葬使用的玉兔朝向和数量不一，显示出一定的性别差异。我们知道，商人好鬼神，而兔子一胎多产、繁衍极快，所以佩饰中，尤其是女性佩饰中使用玉兔应非偶然，隐喻了商人多子多福、枝叶扶疏、福祚绵延的心理诉求。

结合同时期相关发现来看，妇好墓发现玉兔为和田玉，呈伏卧状，但兔耳略向上翘，头部微抬，背部略向内凹，前足有穿孔，

▲ M2：62 玉兔
商
山西省灵石县旌介商墓出土

体现了商代晚期独特的社会心理和风尚。汉代以来，兔子的文化内涵不断丰富和变化，进一步艺术化、人格化，乃至神化，成为中华优秀传统文化的重要组成部分。新时代的今天，玉兔更成为我国航空航天事业取得巨大飞跃的重要标志。

（山西省考古研究院文博馆员　张海蛟）

▲　玉兔
商
河南省安阳市刘家庄妇好墓出土

26

肖兔奔福

探壁画兔　石窟兔

东方日出金乌艳
兔跃青山万物辉

考古发现的兔子形象十分丰富，从材质上来说，有金、银、铜、玉、石、壁画、画像石、陶、瓷、漆器、钱币等；从分布的类型上说，有墓葬出土、佛寺壁画、石窟石刻等；从题材上说，有礼器、装饰品、壁画内容、生活用具、墓志图案等，不胜枚举。

　　结合今天的主题，我们从北朝的壁画墓兔子题材出发，一起寻找考古发现的兔子形象。

年复一年，周而复始。时间是存在的，但时间是被人定义的。轮回的世界是万物皆存的因果。

▲ 生肖壁画线图
北齐
山西省太原市东安王娄睿墓出土

▲ 生肖兔壁画
北齐
山西省朔州市水泉梁壁画墓出土

朔州市水泉梁北齐壁画墓兔子形象

　　水泉梁壁画墓的兔子形象有两处：一处是十二生肖中的兔子，另一处是月亮中的玉兔捣药。这两处均位于墓室，十二生肖位于墓壁上部一周（墓顶下部一周），生肖兔位于东方，因此也称"东肖"；玉兔捣药位于墓室西壁上部的月亮之中，与之对应的东壁是太阳，内部图案通常是一只三足乌，都是比较常见的墓葬壁画兔子形象。

　　十二生肖在西周时已经出现，秦汉时期，考古出土的秦简中亦有提及，到北朝时期，生肖壁画和生肖俑在墓中逐渐流行。除水泉梁壁画墓之外，还可见于太原北齐东安王娄睿墓壁画、山东省临淄区北朝崔氏墓10号墓等。隋唐时期，各种生肖兔的形象则更加丰富，五代、宋、辽及更晚期的墓葬

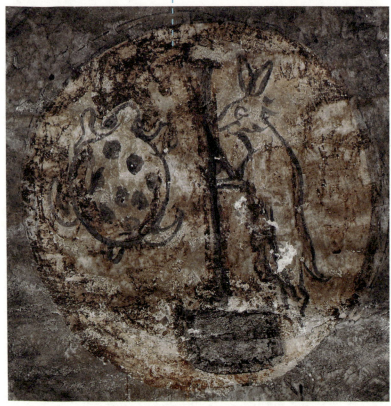

◀ 星象图
北齐
山西省朔州市水泉梁壁画墓出土

中，亦有不少发现。因此，生肖形象自出现后逐步深入人心，可爱的兔子则更受人喜爱。需说明的一点是，娄睿墓（武平元年，570年）是目前有明确纪年最早的一座生肖图像墓。

玉兔捣药形象出现的时间较早，汉代画像砖中就有出现，如在西王母画像砖中经常一同出现这一形象。汉代以后玉兔捣药形象不仅出现在壁画中，还以铜镜、瓷枕等器物图案出现，并且多与月亮为伴，带有吉祥、团圆的寓意。

▲ 玉兔捣药（西王母画像砖）

玉兔捣药（西王母画像砖）

32

以上的两种兔子形象都是十分乖巧的样子，也是大家印象中十分认同的"乖乖兔"。

忻州市九原岗北朝壁画墓与
太原市隋代虞弘墓中的兔子形象

九原岗北朝壁画墓由于被盗，墓室壁画所剩无几，但是在墓道尚存近 200 平方米的壁画，其中林间狩猎图涉及的动物有虎、鹿、熊、鹰、兔等，这里的兔子不是重点，但是体现了兔子弱小的形象。食物链中，相生相克，兔子因为食草、体型弱小等原因，处于哺乳动物食物链的下层，九原岗壁画中鹰抓兔子，兔子在被抓住的瞬间，无辜的表情、弱小的身体与威猛的老鹰形成明显的对比。

虞弘墓的发现是一个重大发现，墓主人是中亚粟特人，祖辈来自鱼国，虞弘本人还担任执掌祆寺及西域诸国事务的"检校萨

▲ 鹰抓兔壁画
北朝
山西省忻州市九原岗墓出土

宝府"，墓中出土的汉白玉石椁引起学界高度关注，石椁表面彩绘浮雕宴饮图、乐舞图、狩猎图、出行图等，表现了当时社会丰富的生活内容，洋溢着中亚浓烈的民族气息，反映了墓主人的民族、宗教习俗和萨珊文化特色。狩猎图中出现各种动物，其中就有一只身形矫健、奋力奔跑、回头张望的兔子。

以上两处的兔子形象均出现在狩猎图中，作为猎物，兔子是弱小无助的，可以称作"弱弱兔"。

除了在北朝壁画中的兔子形象，我们在石窟中也能寻觅一些兔子形象。比如我国三大石窟中的敦煌莫高窟和云冈石窟，这两座艺术宝库中都能找到兔子的身影。

首先，在佛教经典中有兔王本生的记载，讲述的是一只兔子舍身供养的故事。北凉始凿的吐峪沟石窟第 44 窟东壁，即有一幅《兔王本生》故事画，左侧的榜题有"请□焚身"四字。这里

汉白玉猎兔石雕 ▼
隋
山西省太原市虞弘墓出土

34

体现了兔子虽然弱小，但机智勇敢，宁愿舍身跳入燃烧的火堆，也不愿菩萨离去的献身精神。

第二，云冈石窟中的动物形象很多，兔子不是主角，但仍存在于石窟题材中，如第10窟须弥山就有各种动物，兔子作为其中之一，仍体现了其乖巧、弱小的特点。

第三，敦煌莫高窟还有一个十分特殊的兔子形象——三耳三兔，体现出兔子在佛教中的哲理特点，这是其他地点、题材没有的，具有十分重要的研究价值。

以上内容，简单梳理了一些兔子形象，从墓葬壁画和石窟题材出发，可以看出兔子身上具有的乖巧、柔弱的基本特性，同时还有勇于献身和佛教赋予的哲理特性。

（山西省考古研究院文博馆员 白曙璋）

▼ 《兔王本生》故事画
北凉
吐峪沟石窟第44窟东壁

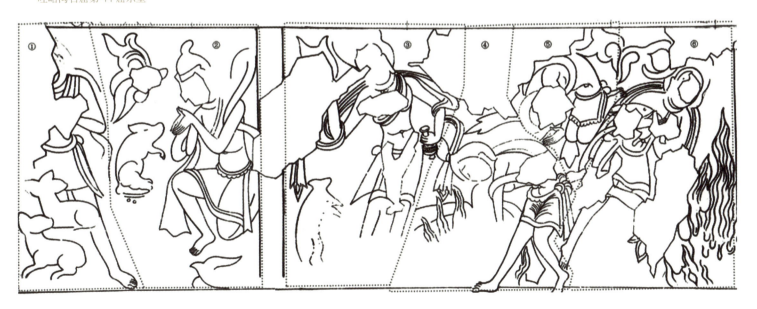

◀ 兔子形象
北魏
云冈石窟第 10 窟须弥山

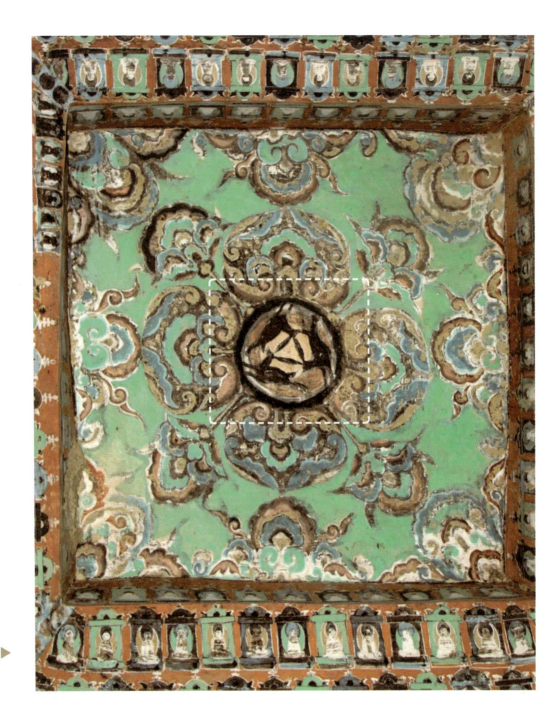

三耳三兔藻井图 ▶
隋
敦煌莫高窟 407 号窟藻井顶部

▲ 玉兔捣药和羽人组合

▼ 白虎和玉兔组合

▲ 西王母和双玉兔组合

东汉西王母画像砖，公元 2 世纪，其中有蟾蜍、玉兔的形象，但是玉兔还没有执药杵，只是执一个三盏相连的灯。在袁珂先生的《古神话选释》中说："如今所存汉代石刻画像里，伏羲和女娲手里所托的日月轮，恒以月轮中的蟾蜍，配日轮中的金乌。月中有蟾蜍的说法，实较月中有玉兔的说法为早。《楚辞·天问》云：'夜光何德，死则又育？厥利维何，而顾菟在腹？'夜光，自然是指月；顾菟，旧以为即兔，经闻氏解释，又是蟾蜍。晋傅玄诗云：'月中何有？白兔捣药。''白兔捣药'云者，盖已经是魏晋时代人们的拟想了。考之汉代石刻画像，月中捣药的乃是蟾蜍。"什么时候开始月宫中捣药的动物由蟾蜍变成了玉兔，现在来看明确出现应是在东汉晚期。到了西晋时代傅玄的诗歌《拟天问》中便出现了玉兔捣药形象，而收录在《中国画像石全集·石刻画像卷》中有一块北魏时期线刻玉兔捣药图，可以证实傅玄的说法确实真实存在过。到了北齐时期这样的题材在考古发现中也时有出现，现在最明确的是山西省朔州市水泉梁北齐壁画墓中的玉兔捣药形象，只是药钵极似石臼。

玉兔捣药（线刻）▲
北魏

◀ 玉兔、蟾蜍
东汉
四川省成都市西王母画像砖

▲ 持杵玉兔（壁画）
唐代
新疆吐鲁番高昌故城遗址

在唐代的诗歌中捣药的形象被描写成嫦娥，如果说可能是把某些传说故事的成分加入到了这一题材中，那这样的内容有可能来自魏晋时期。在《全上古三代秦汉三国六朝文》辑《灵应》中这样记载："嫦娥，羿妻也，窃西王母不死药服之，奔月。将往，枚占于有黄，有黄占之，曰；'吉，翩翩归妹，独将西行，逢天晦芒，毋惊毋恐，后且大昌。'"嫦娥虽托身于月，是为蟾蜍。嫦娥捣药在这个时代就是蟾蜍捣药的一个变体，故事本身并没有变化。唐代墓葬中依然保留这样的题材，如高昌古城墓地发现的壁画中，在第三期 65TAM38 号的墓葬中发现有天文图壁画，该墓为大型双室墓，主室顶部及四壁上部绘天文图，用白点表示二十八宿，星点间以白色细线相连。东北壁绘红色

玉兔捣药（壁画）▶
北齐
山西省朔州市水泉梁墓

圆形，象征太阳，内有金乌；西南壁绘白色圆形，象征太阴（月亮），内有桂树和持杵玉兔，旁有残月，象征朔望；横穿墓顶绘白色线条，可能象征银河。唐代的铜镜上保留了较多的这一题材，玉兔捣药形象清晰、完整，画面中还有月桂树（不死树）、蟾蜍及身上有披帛的嫦娥。唐代诗歌中更多了一些闺中怨语，如李商隐《寄远》："嫦娥捣药无时已，玉女投壶未肯休。"更有陈陶《海昌望月》："嫠居应寒冷，捣药青冥愁。"反映出这一时期开始更加关心女性的生活现状和社会地位，是蟾蜍捣药还是玉兔捣药已不是那么重要。

到了宋、辽、金、元时期，玉兔捣药神话主题没有太大的变

▼ 玉兔捣药（铜镜）
唐

▲ 玉兔捣药（纹饰）
辽
内蒙古自治区通辽市陈国公主墓葬出土

化，蟾蜍只单单代表月亮，并且当时人已不知道玉兔捣药与蟾蜍捣药的区别；有时还把蟾蜍、玉兔、嫦娥、桂树、不死药的形象搅在一起，于是就出现了《太平御览》引《五经通义》："月中有兔与蟾蜍何？月，阴也；蟾蜍，阳也，而与兔并，明阴系于阳也。"这样对月宫的解释。更有意思的是宋代人发挥更多的联想，认为玉兔捣药代表了做事的认真和专一，特此用它作为针的广告宣传画加以普及。从辽、金、元开始，玉兔捣药的形象没有再变，并且全部表示月亮或月宫。无论是汾阳峪道河镇金庄墓葬壁画上，还是内蒙古自治区陈国公主墓葬嵌缀在肩部的银质月亮纹饰片上，或元代缂丝玉兔捣药云肩残片、元代瓷枕上都有同样的内容。只是有的表示天上日月往返运行，有的将日月纹施于锦

▲ 玉兔捣药（刘家功夫针铺广告青铜版拓片）
宋

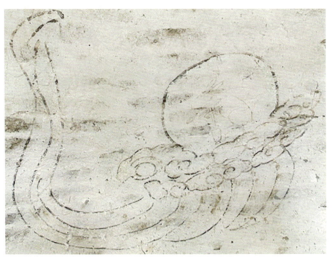

玉兔捣药（壁画）▲
金
山西省汾阳市峪道河镇金庄墓

袍的肩部，以显示皇权的至高无上罢了。

从以上论述中可以发现，玉兔捣药这一题材最先出现于四川地区，大约在东汉时期，魏晋南北朝以后便在中原地区开始流行。虽然并不是有天象图的墓葬中都有这一题材，但带壁画穹窿顶式墓葬中多有发现，这可能是一个潜在的规律。明清两代这样的题材并没有消失，在明代金银器中就有玉兔捣药玉耳坠，做工精细，完全是生活实用器，与作为早期墓葬明器或仅是明器上的附属物完全不同。《三才图会》中，兔将军的形象已深入人心，许多功能在人们的认识中已发生转变。于是，民俗生活中便大量

▲ 玉兔捣药（缂丝云肩残片）
元

▼ 玉兔捣药（青白釉月宫枕）
元

出现兔的形象，如现存于国立历史博物馆的清代《太阴月光图》等，就是最好的明证。当然，现在京、津地区供奉的"兔儿爷"也与此息息相关。

（山西省考古研究院研究员 王俊）

《三才图会》兔将军 ▼

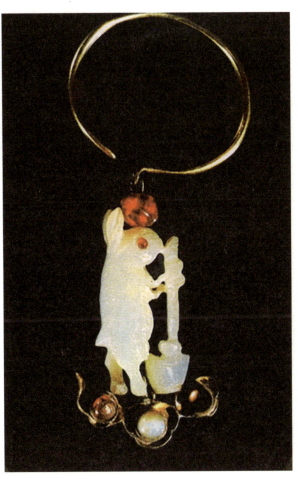

玉兔捣药（玉耳坠）▶
明

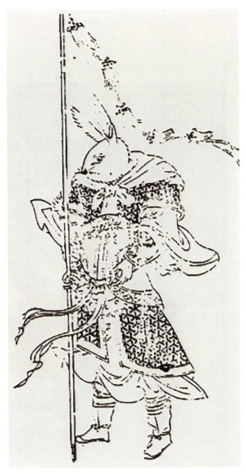

《太阴月光图》玉兔捣药 ▲
清

◀ 兔儿爷

宏兔迎春

晋定王与 《双喜图》

卯兔元神归春位
双鹊回眸喜临门

娄睿墓与朔州市水泉梁墓，二者无论是生肖顺序还是方位都非常的一致，反映了当时流行的观念和思想。在之后的隋唐、宋、元、明、清时期，也屡见与十二生肖有关的考古遗存。我们所熟知的元代永乐宫三清殿壁画《朝元图》中就有十二生肖神（即十二元神），具体位于东壁东华木公的身后，其中卯兔元神的位置在最上层。

十二生肖是中国传统文化的典型代表。众所周知，十二生肖与十二地支对应，考古实证这一风俗最早见于湖北省云梦县睡虎地秦墓出土的秦简，其中的《日书》简文中有"子鼠""丑牛"等记载，但其与现在的生肖动物略有出入，而与现在一致的生肖动物至迟在东汉定型，可参见王充《论衡》。

以十二生肖表达天文是从南北朝开始兴盛的，现已在许多当时的墓葬壁画中发现生肖图像，山西地区则见于太原市

▼ 卯兔元神图像

▲ 《永乐宫壁画》
元
山西省芮城县永乐宫三清殿东壁

兔是草食动物，性情胆小、温顺，是民俗、艺术形象化的常见主题。关于兔入列十二生肖的原因有多种说法，其中一种观点认为，古代十二生肖对应十二时辰，以一天当中的卯时（5-7 点）来看，此时准备破晓，天空仍未大亮。明代李长卿《松霞馆赘言》曰："卯者，日出之候，日本离体，而中含太阴玉兔之精，故卯属兔。"

现在人们习惯用生肖表达生年，而这一情况的出现也不晚于

《永乐宫壁画》卯兔元神 ▶
元
山西省芮城县永乐宫三清殿东壁

南北朝时期，如《周书·晋荡公护传》记载宇文护母亲写给他的信中提到："昔在武川镇生汝兄弟，大者属鼠，次者属兔，汝身属蛇。"

检索中国历代帝王生肖，属兔的人最多，著名的有东汉光武帝刘秀、曹魏开国皇帝曹丕，以及清乾隆帝爱新觉罗·弘历。

本文重点关注的是山西一位属兔的人物——明代第二代晋王

晋定王朱济熿圹志 ▲
《三晋石刻大全·临汾尧都区卷》

朱济熺（晋定王），他是第一代晋王朱棡的嫡长子。朱济熺其人今虽沉寂，但考其身世颇不平凡，他曾因政治风波遭遇两立一废，最终葬于今临汾尧都区晋王坟村。据朱济熺圹志可知，他生于洪武八年（1375 年），从小与建文帝朱允炆、明仁宗朱高炽、秦隐王朱尚炳长在南京皇宫中，颇受太祖夫妇喜欢，太祖命中书舍人詹希原教诲，其与父亲朱棡曾受学于大儒宋濂一样，皆喜学问、好书画，晋靖王朱奇源在《宝贤堂集古法帖》中评其"睿翰重于当代"，并在该帖中收录朱济熺所书《赓独芳诗韵》。

朱济熺与其父朱棡尤好收藏，朱元璋在明初分封晋藩时曾赏赐晋王诸多前代书画，在现今传世的大量书画上可见有晋府的印章，记有"晋府书画之印""晋国奎章""清和珍玩""乾坤清玩""敬德堂图书"等，徐邦达先生考其篆法风格、印泥气色，认为都属于明初式样，应为朱棡或朱济熺所钤。

在他们的收藏中不乏名作，其中就有北宋崔白的《双喜图》。《双喜图》现存两本，分别藏于中国国家博物馆和台北故宫博物馆，两本上都有晋府钤印。

《双喜图》为绢本设色，画面表现为一幅萧瑟的深秋景象，在枯木衰草之上点缀有两只灰喜鹊和一只野兔，灰喜鹊一只落于枯木荆枝之上，另一只则飞于空中，两雀张嘴啾鸣，野兔受惊驻足回首望向喜鹊，两种生物一上一下、一动一静，相得益彰。

对崔白所绘内容隐喻的推测有很多版本，笔者认为有一种解释较为合理：嘉祐五年京师发生了一场大瘟疫，崔白创作此画时六年瘟疫尚未退去，画面背景为肃杀的深秋景象，正是对瘟疫造成社会萧条、民生凋敝的现实描绘，画中野兔有惊恐之色，象征京师百姓遭受瘟疫的恐惧，但野兔仰首看到的并非天敌老鹰而是象征吉祥的喜鹊，绘两只喜鹊也有"双喜临门"之意。据传《双喜图》创作不久，瘟疫居然逐渐消退，被士人视为神作。

该画作技法精良、寓意美好，曾先后入藏宋、明、清皇室内府，朱元璋赏赐给晋王，也足见其对这两位嫡子与长孙的喜爱。

（山西省考古研究院副研究员　郝丽君）

▲
台北故宫本《双喜图》
晋府书画之印

◀ 《双喜图》
北宋
台北故宫博物馆